Johan von Kirschner

Das mythische Avalon

Firavarti Verlag

Johan von Kirschner

Das mythische Avalon

Firavarti Verlag

Firavarti Verlag Berlin · c/o Selim Oezkan

Illustrationen von Selim Oezkan

1. Auflage 2015

Buch- und Umschlaggestaltung: Selim Oezkan, Berlin
Produktion und Vertrieb: CreateSpace, 4900 LaCross Road North Charleston, SC 29406, USA

ISBN-13: 978-1517296698
ISBN-10: 1517296692

Printed in the USA

www.kabbalahvedanta.net
info@kabbalahvedanta.net

Inhalt

Die Geschichte vom Druiden Merlin

In den Pilatus-Akten des apokryphen Nikodemus-Evangeliums finden wir eine Schilderung einer Auseinandersetzung zwischen Hades, dem Gott der Unterwelt, und dem Erben der Finsternis – Satan. Tief betrübt spricht darin der Teufel, dass einer, der von einer Jungfrau geboren wurde, der zuletzt gekreuzigt wurde, und den man Jesus Christus nennt, ihm in der oberen Welt viel Böses zugefügt hat. Alle die der Teufel verkrüppelt, blind und krank gemacht hat, wurden von Jesus geheilt. Selbst die er hergerichtet hatte, damit sie begraben würden, seien durch Jesus wieder zum Leben erweckt worden. Und all das allein durch sein Wort.

Als der Satan so zu Hades sprach, fürchtete er, dass keiner von seinen Toten ihm bleiben würden und er erinnerte sich an Jesaja, der prophezeite das einer ins Totenreich hinabsteigen würde, um die Seelen Adams und aller Verstorbenen zu befreien.

Als sich Hades und der Teufel darüber beklagten, erklang plötzlich ein großes Getöse und der Erzengel Michael erschien vor ihnen.

Mit einer große Kette in der Hand fesselte er den Satan an Händen, Füßen und an seinem Mund.

Doch dennoch konnte sein böser Geist weiterhin in die Gemüter der Menschen eindringen und sie irreleiten. Und um seine Stellung auf Erden zu behalten, beschloss er auf die gleiche Weise ein Kind in einer Jungfrau zu zeugen, damit sein Ebenbild auf Erden geboren werde.

Bald fand der Teufel eine tugendhafte Jungfrau. Ihr schlief er bei als böser Geist. Doch er beging einen Fehler: er verführte zwar ihren Körper, nicht aber ihre Seele – denn sie war erfüllt vom Glauben an Jesus Christus. Es verhielt sich damit so, wie es auch in Goethes Faust zu lesen ist, wo sich Mephistopheles dem Faust als Teil jener Kraft vorstellt, die stets das Böse will und stets das Gute schafft.

Als die Jungfrau erwachte und ihre Entehrung spürte, bekreuzigte sie sich und betete um Schutz zur Jungfrau Maria. Doch in dieser Nacht hatte sie der Teufel tatsächlich geschwängert.

Nach einigen Monaten ließ sich ihre Schwangerschaft nicht mehr verbergen, was alle sehen konnten. Man verspottete sie, weshalb die Jungfrau versuchte allen zu erzählen, dass sie niemals ein Mann berührt hatte. Doch machte das alles nur noch schlimmer, da man sie nun auch für wahnsinnig hielt.

Für ihr angebliches Vergehen wurde sie vor Gericht der Hurerei und Gotteslästerung angeklagt und man verurteilte sie zum Tode. Ein Einsiedler namens Vater Bleheris, war ein sehr frommer und überaus gelehrter Mann, der in der Nähe lebte. Als er davon erfuhr nahm er sich ihrer an, und es gelang ihm, die Richter zu überzeugen, dass sie zwar die Jungfrau verurteilen könnten, nicht aber das Ungeborene, und sie sie deshalb erst das Kind zur Welt kommen lassen sollten, bevor das Urteil über sie vollstreckt würde.

Als das Kind nun zur Welt kam, waren alle sehr erschrocken, denn es war außergewöhnlich groß und am ganzen Körper behaart. Es ähnelte dem, was sich die Menschen als Teufel vorstellten. Es erhielt vom Teufel die Fähigkeit die Gedanken der Menschen zu lesen. Da die Seele der Jungfrau aber rein gewesen war, und nicht vom Teufel verführt wurde, konnte das Kind durch Gottes Gnade außerdem in die Zukunft sehen. Vom Teufel erhielt das Kind also das Körperliche und die Begabung der Zauberei, von Gott aber Seele und Verstand.

Bereits als Säugling konnte der kleine Merlin sprechen. So konnte er seine Mutter vor dem sicheren Tod retten, da man sie ja wegen der Schande hinrichten wollte. Es war eine Frist von 40 Tagen ausgesetzt, die die Jungfrau in einem Turm zubringen musste, bis sie auf dem Scheiterhaufen verbrannt werden sollte.

Merlin sah in die Vergangenheit und erfuhr etwas, das der Henkersrichter selbst nicht wusste. Denn des Richters wahrer Vater war nicht nicht der, von dem er dachte, das er es sei. Er kam zur Welt durch eine Schwangerschaft, die seine Mutter durch einen anderen Mann empfing, sie dies aber allen verschwiegen hatte. Genauso enthüllte es Merlin dem Richter der sich sehr darüber erschrak, als er den Säugling so sprechen hörte, und daraufhin seine Mutter herbeibringen ließ. Merlin forderte das Leben seiner Mutter ein, wenn sich seine Behauptung bewahrheiten sollte. Als die Mutter des Richters erschien befragte sie Merlin geschickt, so dass sie schließlich gestand und Merlin's Mutter darauf frei kam. Alle waren über die Fähigkeiten des kleinen Kindes sehr erstaunt. Merlin sprach zu dem Eremiten Vater Bleheris dies alles zu notieren in einem Buch für die Nachwelt.

Vater Bleheris wurde Merlin's treuer Freund.

Viele Jahre später wurde aus Merlin ein landbekannter Dichter, Seher und politischer Berater dreier Könige, die während des dunklen Zeitalters, also zwischen dem 4. und 6. Jhd, in Britannien lebten, das nach dem Abzug der Römer ins Chaos gestürzt war, und dereinst vom zukünftigen König Artus befriedet werden sollte.

Kaiser Konstantin III., der letzte römische Herrscher Britanniens, hatte drei Söhne: Den Mönch Constans, Ambrosius Aurelianus und Uther. Als die Macht des Konstantin allmählich schwand, ließ er seinen ältesten Sohn Constans aus dem Kloster holen, krönte ihn zum König von Britannien, und ernannte den Ritter Vortigern zu seinem Seneschall. Zusammen bekämpften sie die in ihr Königreich eindringenden Barbaren. Als aber das Heer des Constans von sächsischen Söldnern geschlagen wurde, flohen alle seine Krieger, einschließlich ihres Königs. Darüber war das Volk sehr empört und da Vortigern ohnehin neidisch auf Constans war, und ein habgieriger, stolzer Tyrann, der selbst König sein wollte, schmiedete er einen Komplott gegen ihn und ließ Constans ermorden.

So erschlich sich Vortigern hinterhältig das

Königtum und wurde neuer »Hochkönig«. Doch wegen seiner Gier, seines Geizes und Hochmuts, wurde auch er, bald bei seinen Untertanen unbeliebt. Selbst seine beiden Söhne Vortimer und Catigern rebellierten gegen ihn und das Land spaltete sich in eine Gruppe keltischer und sächsischer Krieger. Da er sich vor der zunehmenden Zahl seiner Feinde immer mehr fürchtete, beschloss er einen Turm zu bauen, in den er sich zum Schutz zurückziehen konnte. Als die Baumeister aber den Turm fertigstellen wollten, stürzte er wegen eines Erdbebens zusammen. Er versuchte den Turm erneut zu errichten, doch er sollte an dieser Stelle nicht stehen bleiben, da die Erde immer wieder zu beben begann. Vortigern war über diesen Fall ratlos und beauftragte sieben Astrologen die die Sterne nach dem Grund befragen sollten. In ihrem geheimnisvollen Horoskop lasen Sie aber nicht den Grund wieso der Turm einstürzte, sondern dass sie alle den Tod durch einen Knaben erfahren sollten, der von einer Jungfrau geboren wurde. Und da sie keine Antwort auf des Königs Frage hatten, sondern nur um ihr Leben fürchteten, teilten Sie Vortigern mit, dass er einen Knaben finden solle, der ohne Vater geboren war und den er opfern solle. Mit seinem Blut müsste der Grundstein des Turmes benetzt und sein Leichnam mit dem Kopf nach unten, innerhalb der Grundmauern des Turmes begraben werden. König Vortigern ließ darauf 12 Boten aussenden, um nach dem Jungen zu suchen, und ihn zu ihm zu bringen.

Merlin wusste bereits, dass man nach ihm suchen ließ und wusste auch den Grund, wieso sich die königlichen Boten auf den Weg machten. Er sah auch die Astrologen, die diese Lüge nur erfanden, um sich ihrem sicheren Tod zu entwinden.

Als nun drei der 12 Boten dem Merlin zufällig begegneten, gab er sich ihnen als der zu erkennen, nachdem sie auf der Suche waren, indem er ihnen sagte, wieso sie unterwegs wären und warum der König nach ihm suchen ließ. Die Ritter des Königs waren verblüfft über seine Hellsicht, brachten ihn zu Vortigern, und als sich Merlin und König Vortigern gegenüberstanden, reichte er ihm die Hand und weihte ihn in die Wahrheit ein, wieso die Astrologen nach ihm suchen ließen. Gleichzeitig nannte er ihm den wahren Grund, wieso der Turm nicht errichtet werden konnte. Wenn ihn aber der König verschonen wolle, so Merlin, würde er ihm die tatsächliche Ursache verraten, und was er tun müsse um den Turm so zu errichten, das er stehen bleibe.

Merlin weissagte dem Vortigern also, dass sich unter dem Turm ein weißer und ein roter Drachen befänden, die die Last des Turmes spürten, und wenn sie sich bewegten der Grundstein erschüttert wurde, wodurch der Turm immer wieder einstürze. Nur wenn die beiden Drachen unter dem Turm verschwinden, so könne er das Bauwerk dort errichten. Vortigern vertraute dem Merlin und beauftragte viele Arbeiter mit Pferdewagen, die an der Stelle des Grundsteins viele Ladungen Erde abtrugen. Bald stießen die Arbeiter auf einen unterirdischen Fluss. Auf Merlin's Anweisung wurden tiefe Gräben ausgehoben, in die man das Wasser des Flusses ausfließen ließ, und so der Graben trocken lief. Nun sahen der König und seine Diener, dass unter den riesigen Steinen, wo einst das Wasser floss, ein weißer und ein roter Drache schliefen. Beide Ungeheuer waren jedoch blind, sobald sie sich aber rochen fielen sie übereinander her. Vortigern und seine Diener waren entsetzt als sie die beiden riesigen, widerlichen Wesen dort mit lautem Gebrüll kämpfen sahen. Der rote Drache setzte dem weißen Drachen übelst zu, und es schien, als würde er ihn töten. Plötzlich aber strömte flammendes Feuer aus dem Hals des weißen

Drachen und er verbrannte den roten Drachen, woran dieser zu Grunde ging und starb. Dann legte sich der weiße Drache neben den Roten und verstarb nach drei Tagen ebenfalls.

Jetzt konnte Vortigern seinen Schutzturm an dieser Stelle errichten lassen. Die Astrologen wurden angeklagt und sollten eigentlich sterben. Doch Merlin bat sie zu begnadigen, wenn sie ihm schworen keine Astrologie mehr zu betreiben. Danach deutete Merlin dem Vortigern die wahre Bedeutung der beiden Wesen: der Rote Drache war ein Symbol für König Vortigern selbst, der zuerst zu siegen schien, doch dann durch das Feuer eines weißen Drachen schließlich zu Tode kommen sollte – der weiße Drachen stand für die beiden Brüder des Constans: Ambrosius und Uther.

Nachdem Merlin alles so prophezeite ging er nach Northumberland zum Meister Bleheris der für ihn alles aufschrieb.

König Vortigern aber ließ gleich nachdem ihn Merlin verließ in seinem ganzen Reich verlautbaren, dass sich für drei Monate, alle die hinter ihm standen, für einen großen Krieg wappnen sollten. Er selbst begab sich mit versammelten Heer an den Hafen von Winchester. Am anderen Morgen erfüllte sich Merlin's

Prophezeiung: Bei Sonnenaufgang sah Vortigern und seine Krieger aus dem Nebel Schiffe an der Küste Südenglands landen, an deren Masten die Standarten und Flaggen der Söhne Konstantins gehisst waren. Als den Leuten des Vortigern die Übermacht des herannahenden Heeres gewahr wurde, verließen die meisten ihren König und liefen zu den Brüdern Constans über. Vortigern befahl daraufhin seinen treuesten Männern den besagten Turm zu besetzen. Von dort aus fügten sie den Angreifern schweren Schaden zu, und schließlich sahen Ambrosius und Uther ein, dass sie den Turm nicht mit dem Schwert einnehmen konnten. Also legten sie ein Feuer um den Turm und alle darin mussten jämmerlich verbrennen – auch Vortigern – so wie Merlin es ihm prophezeit hatte.

Nach Vortigerns Tod kehrte Merlin zurück und kam zu Ambrosius und Uther. Ambrosius wollte zu Ehren seines verstorbenen Vaters Konstantin und den 3.000 in der Schlacht gefallen Rittern in der Nähe von Salisbury, in Südengland, ein Monument errichten: Stonehenge. Wie die Legende berichtet, wurden die Steine aus weiter Ferne herangeschafft. Es waren riesige Heilsteine, die man auch »Den Tanz der Giganten« nannte, da man sagt sie seien einst von Riesen aus Afrika nach Irland gebracht worden. Ambrosius sandte also Merlin, Uther Pendragon und 15.000 Ritter nach Irland, um vom sagenhaften Berg Killaraus die Steine nach Stonehenge zu bringen. Die Ritter versuchten die Steine mit großen Holzbalken und Seilkonstruktionen in Bewegung zu setzen, doch leider ohne Erfolg. Merlin amüsierte sich sehr über die Versuche der Ritter, wusste aber, dass diese Aufgabe nicht mit körperlicher Kraft zu bewerkstelligen sei. Er meinte, das niemals die Kraft den Geist bezwingen könne, sondern nur der Geist die Kraft. Alleine durch den Einsatz der Sprache, brachte er die Steine nach England. Hierzu riefen er und alle Anwesenden mit einem lauten Schrei eine bestimmte Formel, worauf hin sich die Steine erhoben und fortbewegten.

Vielleicht erinnert diese fantastische Geschichte an die Mauern von Jericho, die Joshua zum Einsturz brachte, indem er die Bundeslade seinen Priestern vorantragen ließ, welche dann siebenmal in ihre Widderhörner bliesen und damit die Stadtmauer durch den lauten Schrei der Soldaten zerstört wurde.

Auf der Rückkehr aus Irland nach Südengland sah Uther am Nachthimmel einen Kometen in Form eines Drachen. Merlin deutete ihm darin ein Zeichen für den baldigen Tod seines Bruders Ambrosius – der tatsächlich von einem Attentäter vergiftet wurde und daran starb. Nun wurde Uther König von England und gab sich zu Ehren seines Bruders den Beinahmen Pendragon – das Haupt des Drachen. Er beauftragte seine Schmiede ihm einen goldenen Drachen zu verfertigen, den er von da an als Standarte verwendete. Zur selben Zeit entstand auch die Tafelrunde, die König Uther auf Merlin's Anweisung anfertigen ließ. Die Tafel wurde in selber Manier gestaltet, wie der Tisch vom Abendmahl, der Gralstisch des Joseph von Arimathäa oder der magische Tisch des König Salomon aus dem Tempel zu Jerusalem. Dieser Tisch war ein Symbol für den Erdkreis und die Beschaffenheit der Planeten und der Elemente des Firmaments. So stellte der Tisch als Symbol den Tierkreis und die Konstellationen der Sterne dar. Die Tafelrunde war also ein Symbol für das gesamte Universum. Diesen magischen Tisch gab Uther dann dem Leodagan, dem Vater von Guenevere. Sie sollte dereinst König Artus' Frau werden, und er dann den Tisch als Hochzeitsgeschenk von ihm erhalten.

Nach einiger Zeit des Friedens gelang es den Sachsen erneut die Insel zu belagern.

Ein neuer Krieg brach aus. Doch mit Hilfe des Gorlois, dem Herzog von Cornwall, gelang es

Uther Pendragon die sächsischen Barbaren von der Insel zu verjagen. Der Sieg über die Eindringlinge und ihre Vertreibung feierten der König und sein Herzog mit einem großen Fest. Im Übermut aber verliebte sich Uther in die Frau des Herzogs: Igraine. So kam wegen des ungezügelten Begehrens des Königs ein Streit zwischen den Verbündeten auf, der in eine kriegerische Auseinandersetzung ausarten sollte. Gorlois schickte Igraine auf seine Festung Tintagel in Cornwall, um sie dort vor Uther zu verbergen, denn dieser wollte mit allen Mitteln erreichen Igraine beizuwohnen. Schrecklicher Liebeskummer verzehrte Uther, als er erfuhr, dass man Igraine fortgebracht hatte.

Er bat Merlin um Rat und Hilfe. Merlin versprach ihm die Igraine, wenn er ihm im Gegenzug versprach, dass er das Kind, das aus der zukünftigen Ehe der beiden hervorgehen würde, für sich bekäme und es an einem unbekannten Ort aufziehen lassen dürfe. In seinem Liebesrausch stimmte König Uther dieser Übereinkunft zu.

Als das Heer des Uther Pendragon nun die Burg Tintagel erreichte und belagerte, gab ihm Merlin einen Zaubertrank durch den er das Aussehen des Gorlois annahm. So konnte er als Gorlois mit Igraine die Nacht verbringen, während sie dachte, es sei ihr Ehegatte. Gorlois selbst war zu diesem Zeitpunkt bereits erschlagen worden.

Zwanzig Tage nachdem Uther der Igraine beigeschlafen hatte, hielten sie Hochzeit. Sie war von ihm schwanger. Als die Zeit gekommen war und sie in den Wehen lag, und das Kind Mitternachts entbunden wurde, nahm es die Amme, wickelte es in Leinen und übergab es dem Merlin, der es mit sich nahm, um es dem frommen und ehrenwerten Ritter Anthor und seiner Frau als Ziehsohn zu übergeben. Anthor ließ ihn auf Wunsch des Merlin auf den Namen Artus taufen, seine Frau stillte es und liebte es wie ihr eigenes Kind.

Igraine hatte noch eine Tochter die aus der Ehe mit Gorlois hervorging: Morgan. Sie wurde eine dunkelhaarige, leidenschaftliche Frau von großer Schönheit. Man sagte ihr aber einen strengen, ja zuweilen sogar grausamen Ehrgeiz nach. Sie wurde in einem Kloster erzogen und erlernte dort die Kunst der Nekromantie, Astrologie und der Heilkunst. Wegen ihrer feenhaften Erscheinung nannte man sie »Morgan Le Fay«.

Ihr Stiefvater, Uther Pendragon, wurde schwer krank und da er sein Reich ohne Erben verlassen musste, riet ihm Merlin alle seine Schätze und Reichtümer unter den Armen zu verteilen bevor er sterbe. Seine Gegner nannten ihn den »Halbtoten König«. Trotz der Krankheit aber, führte er seine Armee erneut gegen die Feinde in die Schlacht. Er besiegte den Sachsenkönig Ohta in Verulamium. Dennoch fädelten die Sachsen ein Attentat gegen ihn ein, und er starb durch ein Gift, dass man in einen Brunnen goss aus dem er seinen Durst stillen wollte und daraus trank.

Nach Uthers Tod stürzte England wieder ins Chaos. 15 Jahre später, als Artus mit seinem Ziehvater Anthor nach London reiste, um dort an Weihnachten der heiligen Messe beizuwohnen, geschah ein sonderbares Wunder – das allem Vernehmen nach von Merlin inszeniert wurde. Nachdem die Gläubigen die Kirche verließen, fanden sie plötzlich am Eingang einen Marmorfels, in dem ein Schwert aufrecht und zur Hälfte im Stein versenkt war. Auf der Klinge des Schwertes waren keltische Zeichen eingegraben, die darauf hinwiesen, dass derjenige, der das Schwert aus dem Fels zu ziehen vermochte, König von England sein sollte.

Als der Erzbischof mit seinen Dienern aus der Kirche kam und das in den Fels gerammte Schwert sah, und die geheimnisvolle Botschaft auf der Klinge las, gab er den Befehl das

Schwert zu bewachen. Jeder Edelmann sollte nun versuchen das Schwert aus dem Stein zu ziehen. Keiner aber war erfolgreich – das Schwert und der Stein schienen eins zu sein.

Am Neujahrstag fanden draußen vor der Stadt Ritterspiele statt und die Bewacher des Schwertes sahen, dass alle hinausliefen um an den Spielen teilzunehmen. Auch sie wollten dabei sein und ließen das Schwert unbewacht und folgten den anderen nach.

Artus hatte einen älteren Bruder, Lreux, der bereits zum Ritter geschlagen wurde und an den Festspielen teilnahm. Sein Schwert aber hatte er vergessen und trug Artus auf ihm dieses zu bringen. Dieser ritt sogleich los, und als er über den Platz vor der Kirche kam, erblickte er den Marmorfels in dem das magische Schwert stak. Als er es unbewacht vorfand, ritt er darauf los und zog es mit Leichtigkeit aus dem Stein, so als wäre es gar nicht befestigt gewesen. Er ritt eilends zurück zu seinem Bruder Lreux und gab ihm dieses mit der Erklärung wo er es hergenommen habe. Dieser erkannte sofort das Schwert, ritt zu seinem Vater Anthor und sagte ihm, dass er selbst das Schwert aus dem Stein gezogen habe und nun König sein werde. Anthor aber glaubte ihm nicht und befahl ihm, mit sich und Artus zu dem Stein vor der Kirche zu kommen. Er bat ihn die Wahrheit zu sprechen und Lreux war sehr beschämt als er zugab, dass ihm in Wirklichkeit Artus das Schwert brachte. Er bat nun Artus das Schwert wieder in den Stein zu stecken. Nun sollte Lreux das Schwert aus dem Stein ziehen, was ihm aber nicht gelang, während dies für Artus ein Leichtes war.

Nach langer Abwesenheit, tauchte der Druide Merlin nun wieder auf. Er weihte den Anthor in ein Geheimnis ein, wieso Artus tatsächlich der neue König von England sein werde. Er solle die Urtradition durch seine Kraft fortführen. Der Fels in dem das Schwert steckte, war der Stein der Könige der irischen Tuatha de Danann, die einst dieses Schwert in Avalon verfertigen ließen, damit es dereinst einem Hochkönig übergeben werde, um ihn im Kampf gegen die Mächte der Finsternis zu führen. Artus' Tat war ein Symbol für die Befreiung des Geistes aus der Körperlichkeit. Das Schwert stand in Beziehung zum höchsten Weltzentrum, dass im Laufe der Menschheitsgeschichte immer wieder woanders verborgen lag. Dieses unzugängliche Land war von den Menschen durch einen breiten Strom getrennt, und nur der auserwählte Hochkönig konnte sich dorthin begeben, indem er über eine gefährliche Brücke ging. Hier war das Königsschloss das sich in ständig kreisender Bewegung befand, und in dem man ein übernatürliches Gefäß aufbewahrte:

»Aus dem Kessel wurde mein Preislied gesprochen, Den der Atem von neun Jungfrauen erwärmte. Der Kessel des Fürsten der Anderen Welt, Was ist seine Eigenart?

An seinem Rande dunkelblau und Edelstein, Kocht er dem Feigen Speise nicht, Es ist ihm nicht bestimmt.

In drei Schiffsladungen von Prydwen fuhren wir dorthin, Und bis auf sieben kam niemand zurück von Kaersidhi, Der Elfenburg in der Anderswelt.

Prächtig war nach dem Bericht von Pwyll und Pryderi Der Kerker von Gweir in Kaersidhi.«

– Aus dem Buch des Taliesin

Dieses Gefäß war ein Abbild des sagenhaften heiligen Gral. Die Elfenburg Kaersidhi befand sich auf der Insel aus Glas – Avalon, dem Weltzentrum, dass nach dem indischen Herrn der Welt, dem Chakravartin, in Bewegung gehalten wird. Darum stiftete Uther Pendragon, die Tafelrunde, dessen oberstes Haupt dann einst Artus sein soll, denn Artus ist der keltische Name für den Bär, und eine Allegorie auf das Sternbild des kleinen Bären indem sich der Polarstern befindet. So gelten die 12 Ritter die sich an diesem Tisch versammeln als die Beschützer der Welt, so wie die 12 olympischen Götter und die 12 Bewohner von Avalon.

Zum Geheimnis von der Tafelrunde, so Merlin, gesellt sich noch der gefährliche Sitz, der für einen auserkorenen Ritter freigehalten werden muss.

Jener Auserwählte wird der 13. Ritter sein, der dann einmal als Oberhaupt und Pol der 12, als Vertreter des Weltkönigs Chakravartin auftreten soll: Parzival. Im Sternbilderkreis fehlt eigentlich ein 13. Zeichen: das Sternbild des Schlangenträgers, dessen Anwesenheit durch den Skorpion verdrängt wurde, so wie der verräterische Judas, der 13. im Kreise des letzten Abendmahls, der Jesus verriet, die Runde verließ und so ein leerer Platz entstand.

Nachdem der Ritter Anthor all das vernommen hatte, ließ er seinen Sohn Lreux zum Ort der Wettkämpfe eilen und alle dort versammelten Edelleute von dem Wunder berichten.

Bald hatte sich das ganze Volk vor der Kirche versammelt, und als der Bischof die vielen Menschen sah, kam er vor die Menge und erkundigte sich über den Grund für die Aufregung. Anthor trat zu ihm hin und erzählte ihm das Wunder. Artus zog darauf auf seines Ziehvaters Bitte erneut das Schwert aus dem Stein. Ein Raunen ging durch die Menge. Doch um sicher zu gehen, dass Artus wirklich der Einzige sei, und kein Anderer das Schwert aus dem Stein ziehen könne, setzte der Bischof eine Frist bis Ostern, um andere Ritter und Edelleute sich nochmals daran versuchen zu lassen. Doch es gelang niemandem – außer Artus.

Am Ostersonntag schließlich wurde Artus zum Stein geführt aus dem er das Schwert zog und es hoch erhoben der versammelten Menge präsentierte. Alle Edelmänner erwiesen ihm ihre Ehren, er wurde durch den Bischof zum Ritter geschlagen und man führte ihn daraufhin in die Kirche. Hier wurde er gekrönt und zum König von England gesalbt und war seitdem König in London. England sollte von nun an eine Zeit des Friedens erleben.

Da Artus ein sehr großzügiger König war, seine Reichtümer aber nicht von seinen Vorvätern geerbt hatte, waren viele seiner Fürsten darüber unzufrieden. Einige waren sehr empört über sein Verhalten, und ihm sogar feindlich gesinnt, denn sie waren neidisch auf den schönen, jungen König und wollten ihn nicht mehr als Hochkönig anerkennen. Für sie war es eine

Schande, dass ein Junge von so geringer Abkunft König sein durfte und mit den fürstlichen Reichtümern allen gegenüber so freigiebig umging. Seine Geschenke wurden also abgeschlagen und man ließ ihn wissen, dass er nicht weiter als König gesehen werde.

Zu dieser Zeit kehrte Merlin aus Northumberland zurück, wo er lange mit dem Eremiten Bleheris verbrachte um von ihm aufschreiben zu lassen, was er ihm diktierte. Als er nach London kam, zeigte er sich dem Volk und alle jubelten und freuten sich sehr ihn wiederzusehen. Sie schrieen sich auf allen Gassen der Stadt laut zu, dass er wieder zurück gekehrt sei. So erfuhren auch die Fürsten die gegen Artus rebellierten, von seiner Rückkehr, stellten Merlin zur Rede und fragten ihn wie einer wie Artus dazu käme König zu sein. Als er sie dann jedoch, in die bis dahin geheimgehaltene Geschichte Artus' wahren Abstammung einweihte, geschah dies zu ihrer größten Verwunderung. Auch Artus' Untertanen sollten die Wahrheit über diese wunderbare Geschichte erfahren, wodurch sich das Volk noch stärker mit seinem König verbunden fühlte. Dennoch waren die Fürsten nicht mehr mit Artus' Königtum einverstanden – war er doch in ihren Augen ein unehelicher Bastard. Sie stellten sich gegen Merlin, den

Bischof und das Volk, die alle hinter Artus standen.

Mit Merlin's Hilfe aber, sollte Artus das Schwert Excalibur erhalten, mit dessen magischer Wirkung alle in England, einschließlich der sich gegen ihn verschworenen Ritter und Fürsten, hinter ihm versammeln und ihn zweifellos als ihren König anerkennen. Damit sollten die Ritter an die Tafelrunde zurückkehren und alle für lange Zeit Frieden halten.

Excalibur und die Herrin vom See

Durch Elaine, die schöne Herrin vom See, die Hüterin der Tore von Avalon, nahm König Artus von einer Hand im See das Schwert Excalibur entgegen. Elains Vater, der Priesterkönig Nemorensis, war ein Neffe der Mondgöttin Diana. Er erhielt von der Göttin dieses besondere Schwert und viele glückliche Gaben, die er dann an seine Tochter Elaine weitergab.

Als sich einmal Artus mit seiner Ritterschaft von London nach Camelot begab, um dort Hof zu halten, fanden sie auf dem Weg dorthin den See der Elaine. In den See mündete im Westen ein Fluss, der River Brue, über den eine Brücke führte. Als Artus und seine Gefolgschaft die Brücke überqueren wollten, fanden sie auf der anderen Seite einen in silbernen Harnisch gerüsteten Ritter, der ihnen den Weg versperrte. Keiner konnte passieren, bevor er sich nicht von diesem zum Lanzenstechen herausfordern ließ. Es war der Edelmann Lancelot, ein Sohn des Königs von Benwick, der einst mit seiner Familie aus seinem Königreich fliehen musste. Er wurde während der Flucht von seiner Mutter an diesem See, der sich in der Nähe von Glastonbury befindet, zurückgelassen, wurde aber von Elaine aufgenommen und wuchs dort in ihrem Wasserreich auf. In diesem See lag auch das Erbe der Diana verborgen: das Schwert, mit dem König Artus die Befriedung des wüsten Landes gelingen sollte.

Als Lancelot den Artus nun also zu einem Duell herausforderte, stieß ihn dieser mit der Lanze vom Pferd. Artus raffte sich aber wieder auf, ergriff sein Schwert, jenes, dass er einst aus dem Stein gezogen hatte, und schlug dem Lancelot als Revanche so heftig auf sein Schild, dass das Schwert daran zerbrach. Zur großen Verwunderung von Artus und Merlin, tauchte in diesem Augenblick plötzlich eine Hand aus dem See auf, die Excalibur emporhob, dass Artus ergriff, damit Lancelot fast tötete, ihn endlich aber zwang sich zu ergeben.

So wurde Lancelot zum getreuen Diener des Artus, und einer der Ritter der Tafelrunde. Doch sollte er ihn, verflucht durch einen Zauber der Morgan Le Fay, mit Artus' zukünftiger Gemahlin Guenevere betrügen, was Artus so sehr kränken werde, dass mit ihm das Ganze Land in große Not und Leid verfallen würden. Doch das soll eine andere Geschichte erzählen.

Für Merlin war dieses Ereignis von ebenso großer Bedeutung wie für Artus. Denn als Merlin die schöne Elaine sah, entbrannte sein

Herz in heftiger Liebe zu ihr. Und da sowohl Merlin als auch Elain wussten, dass Artus' nur einen Erben haben könne, der in einer mystischen Hochzeit gezeugt werden müsse, beschlossen sie nachher Artus mit seiner Halbschwester Morgan Le Fay in der Nacht des Beltanefestes zusammenzuführen, ohne dass sich die Geschwister als Liebespartner erkennen dürften.

Das Kind das Morgan La Fay aus dieser inzestuösen Verbindung geboren hatte, gab sie jedoch ihrer Schwester Morgause, einem anderen Kind der Igraine und des Gorlois. Sie zog es mit ihrem Mann dem König Lot von Orkney auf, wollte aber, dass Mordred noch vor Artus' Tod König in England werden solle. Als Mordred schließlich das Alter erreichte um zum Ritter geschlagen zu werden, erfuhr er, dass er das Kind dieser Geschwister war, und geriet in Verzweiflung die sich in hitzige Wut verwandelte und sich gegen seinen Vater Artus richtete.

Während Artus sein sagenhaftes Weltreich auch jenseits der britischen Insel in Burgund zu verwirklichen versuchte, erklärte ihn Mordred in England als Tod und bemächtigte sich selbst des Thrones, während er sich mit den Sachsen verbündete. Wegen dieses Verrats kam es zu einer fatal endenden Schlacht, in der der Verräter Mordred zwar getötet wurde, aber auch die besten Ritter der Tafelrunde fielen. Auch Artus wurde von seinem Sohn tödlich verwundet. Seine Halbschwester Morgan Le Fay brachte ihn daraufhin auf einer Barke auf die Insel Avalon.

Merlin verlor zuletzt seine magischen Fähigkeiten, durch seine heiße Leidenschaft zu Elaine. Er flehte Elaine an sein Verlangen nach ihr stillen zu dürfen und mit ihr die Liebe zu pflegen. Doch sie wusste, dass er ein Sohn des Teufels war und fürchtete sich vor ihm. Doch konnte sie ihn nicht abschütteln, denn er folgte ihr bittend und winselnd auf Schritt und Tritt. Elaine war dennoch eine listige Frau, und begann ihn über seine Zauberkünste auszufragen. Merlin, in seiner Altersnarrheit, verriet ihr seinen magischen Spruch, der durch nichts gebrochen werden konnte: »Schlangenhauch, der Zauber von Tod und Leben, das ist ein Omen Deines Werkes«. So geschah es dass Elaine den Merlin durch seine eigene Zauberformel bannte und er daraufhin für immer in den Wäldern von Caledonien verschwand, wo er als Wahnsinniger auf einem Hirsch reitend von vielen Tieren begleitet umherstreifte.

Keine Menschenseele hat ihn jemals wieder gesehen.

Reiche und stolze Jahre hatte Merlin einst verbracht, bis das er sich in Elaine verliebte, der er seinen Zauber verriet und das Glück ihn alsdann verließ.

»Wunderbarer Merlin wach auf mit dem Tage: Der Morgenstern ruft die Dämmerung von den Hügeln: Die Flamme erwacht wieder, auf der Asche Deines Feuers, Oh heilige Feuerstelle! Des wilden Merlin's Erwachen. Die Sonne ist auf dem Weg; Wo die Elemente den Harfenklang der Sterne vernehmen, Diese Dunkelheit lass scheinen, so wie der Tod Dein Leben, Oh kymrisch Land!«

– Der Gesang des Druiden, Der Tod des Merlin, Ernest Rhys

Wir wollen die Avalonlegende mit einer alten englischen Sage beschließen, die seit Jahrhunderten in der Grafschaft Somerset erzählt wird. Darin heißt es, dass Artus nicht auf die geheimnisvolle, ferne Insel Avalon entrückt wurde, sondern in Glastonbury seit Jahr und Tag, in einer Höhle, schlafend liegen soll. Diese Höhle soll eiserne und goldene Tore haben und sich unterhalb der Abtei zu Glastonbury befinden, die sich alle sieben Jahre öffnen, und dann am Vorabend zur Wintersonnenwende, die

Geister von König Artus und seinen 12 Rittern im Nebel zu sehen seien, wie sie entlang des sogenannten Arthur's Path über den Glastonbury Tor nach Cadbury Castle reiten, dem mythischen Camelot. Dann könne man das Galoppieren gespenstische Reiter hören, die den Rufen eines geheimnisvollen Artus folgen, um dann in der Dunkelheit der Nacht wieder zu verschwinden.

Das mythische Avalon

»Bei ihnen sieht man keine Tempel und kein Heiligtum; nicht einmal eine mit Schilf gedeckte Hütte kann man bei ihnen irgendwo erblicken; vielmehr wird ein entblößtes Schwert in den Boden gestoßen, und durch dieses verehren sie sehr gläubig den Kriegsgott und Beschützer der Gebiete, die sie bewohnen«

– Ammianus Marcellinus über die Alanen

Die Form der Erdkruste hat sich im Laufe ihrer 4 Milliarden Jahre alten Geschichte mehrfach verändert. Durch die tektonische Aktivität im Erdinnern versanken Kontinente, riesige Landmassen verschoben sich, kollidierten, und es bildeten sich wieder neue Kontinente. Aufgrund solarer und lunarer Einflüsse, wechselten sich auf der Erde Eiszeiten und Warmzeiten ab, und verursachten über sehr lange Zeiträume ein kontinuierliches Steigen und Sinken des Meeresspiegels. Damit wurde auf Mutter Erde die Grundlage für die Verbreitung von Leben geschaffen. Und da Menschen schon seit mindestens 7 Millionen Jahren auf diesem Planten wandeln, bestimmten innerhalb der vielen Erdzeitalter, diese geologischen Vorgänge auch die Lebensumstände und damit die

Kulturentwicklung der Menschheit.

Blicken wir auf die vergangenen 26.000 Jahre zurück, so hat sich in dieser Zeitspanne der Mensch, im Vergleich zu heute, körperlich eigentlich nicht verändert – doch seine geistige Haltung und die Art wie er wahrnimmt und mit anderen Menschen kommuniziert, haben sich verändert. Heute verfolgt der Mensch durch seine projektive Wahrnehmung, überwiegend die eigenen Wünsche in anderen Menschen. Damals besaßen die Menschen jedoch noch eine gewisse Hellsichtigkeit und die Fähigkeit der Gedankenübertragung – eine ausgesprochen rezeptive Art der Wahrnehmung also. Die alten Menschen hatten ein ausgeprägtes Gedächtnis, das nicht so sehr durch logische Strukturen und Muster beansprucht wurde, wie unser heutiges Denken. Ereignisse wurden eher in Bildern wahrgenommen und eingeordnet, als durch logisch-sprachliche Konstrukte verstanden. Die alten Menschen benutzen deshalb mehr ihre rechte Gehirnhälfte, die bei der intuitiv-emotionalen Wahrnehmung aktiv wird. Es war vermutlich die Entwicklung der Sprache, der der allmähliche Rückgang dieses natürlichen Talents zuzuschreiben ist.

Nur die eingeweihten Priester, Druiden und Schamanen erhielten sich durch ihre Mysterienkulte diese uralten Fähigkeiten bis zum heutigen Tage. Von diesem alten Wissen wurde eigentlich so gut wie nichts schriftlich festgehalten, denn die Lehren wurden ausschließlich mündlich überliefert. Auch die Legenden und Mythen die uns bis heute erhalten geblieben sind, entwickelten sich aus einer mündlichen Tradition. Durch die Vitalität und Einfachheit gesprochener Sprache, konnten sich die Legenden der alten Zeit durch all die Menschheitszeitalter hindurch bewegen, und konzentrierten durch die in ihnen vermittelte Emotionalität und individuellen Sichtweisen der Erzähler, einen besonderen Weisheits- und Symbolgehalt.

Dem gegenüber finden wir oft auch ergänzende, wissenschaftliche Fakten. Zwar sind die Informationen die uns die wissenschaftliche Altertumskunde liefert oft nur begrenzt, es hat sich aber eben bewahrheitet, das sich die Gestalt der Kontinente, ihre Größe, Form und Verteilung im Verlauf der Erdgeschichte immer wieder verändert hat.

Die Erdmassen und Kontinentalplatten auf unserem Planeten haben sich im Laufe von Jahrmillionen über tausende Kilometer über den Globus hinweg bewegt. Einst – vor ungefähr 500 Millionen Jahren – befand sich der

Urkontinent »Gondwania« auf der südlichen Erdhemisphäre. Zu dieser Zeit brach eine riesige Insel aus dem nördlichen Rand dieses Kontinents aus, und driftete allmählich weiter nach Norden ab. In der Kreidezeit bildete sich daraus eine Landmasse, die Geologen heute bekannt ist als der prähistorische Mikrokontinent »Avalonia«. Es handelte sich hierbei um eine geologische Schicht, die heute den Meeresgrund des Atlantischen Ozeans durchläuft, und das Fundament von Norddeutschland, Mittelengland, Wales, das südöstliche Irland und weite Teile Nordamerikas, darunter Neufundland, Neuengland, Rhode Island und den Norden Floridas bildet.

Sowohl in Europa als auch in Amerika finden wir Legenden von einem Land, das einst in der Zeitspanne zwischen dem Ende der letzten Eiszeit und der Jungsteinzeit im Meer versunken sein soll. Hierbei handelte es sich um ein im Atlantik vermutetes Inselreich, das angeblich von einer sehr alten, jedoch aber hochentwickelten Zivilisation, über einen sehr langen Zeitraum hinweg bewohnt wurde. Nach dem durch eine Sintflut vor ca. 12.000 Jahren die Überbleibsel des einst riesigen Inselreichs im Meer versanken, kamen fast all ihre Bewohner ums Leben. Nur wenige Menschen überlebten diese Katastrophe und begannen danach, in steinzeitlichen

Verhältnissen, wieder von neuem damit, eine Zivilisation aufzubauen, von deren Nachkommen laut Überlieferung, alle Völker der heutigen Welt abstammen sollen.

Trotz dass es hierfür keine wissenschaftlich fundierte Theorie gibt, durch die sich dies beweisen lässt, hat sich in den Erzählungen verschiedener Völker ein mündlich überliefertes Wissen bewahrt, wie man es in Amerika, Europa, Afrika und Westasien findet. Viele unabhängige Quellen berichten seit jeher, von einem versunkenen Kontinent, auf dem für viele tausend Jahre eine Hochblüte menschlichen Schaffens bestand und bereits lange vor unserer Zeit, die Menschen dort über höchste technologische Entwicklungen verfügten. Lediglich der Name, der in den verschiedenen Überlieferungen für diesen Kontinent verwendet wird unterscheidet sich – doch das mythische Land von dem hier die Rede ist, ist immer das selbe: Atlantis.

Eine der Legenden berichtet davon, dass die Bewohner von Atlantis über eine präzise Kristall-Technologie verfügten. Es wurde ihnen die Fähigkeit zugesprochen, dass sie Wissen in Kristallen zu speichern vermochten. Solch eine Art »Speicherfunktion« wird ja zum Beispiel auch den magischen Kristallschädeln aus Copán nachgesagt. Auch sollen die Atlanter bereits damals dazu in der Lage gewesen sein, durch riesige Kristalle Lichtenergie zu bündeln, um diese zur Energieversorgung, oder gar zum Antrieb von präastronautischen Fluggeräten zu benutzen. Auf einer berühmten Grabplatte, die man 1952 in der mexikanischen Mayastadt Palenque gefunden hat, scheint solch ein Himmelsgefährt abgebildet zu sein.

Spuren von Atlantis tauchen auch auf dem toltekischen Tempel des Quetzalcóatl, in der Nähe von Mexiko-City auf: dort stehen vier mächtige Steinfiguren, welche die »Atlanter von Tula« genannt werden. Historisch bringt man sie mit den Kriegern von Atlantis in Verbindung, welche laut Platon, einst den äußersten Kreis des mythischen Inselreichs bewohnten. Ob es zwischen dem Ort »Tula« und dem mythischen Königreich von »Thule« eine Verbindung gibt, sei einmal dahingestellt.

Verblüffender Weise, soll zu den westlichen Ausläufern der Atlantis aber auch die deutsche Insel Helgoland gehören, da man dort unter der Meeresoberfläche Mauerreste der von Platon beschriebenen atlantischen Königsburg gefunden hat. Die atlantische Kultur hatte also wahrscheinlich einen riesigen Wirkungsradius, der eher einer weltweiten Zivilisation gleichkam, als dem eines kleinen Inselvolkes. Auch die Tatsache das indigene Völker, wie zum Beispiel die nordamerikanischen Hopi, in ihren Überliefe-rungen von diesem legendären Inselreich berichten, werfen die Frage auf, was die Menschen bis heute dazu bewegt, diesem sagenhaften Land so viele Mythen beizudichten, und wieso es nach wie vor so eifrige Bestregun-gen gibt, die Lokalisation der Atlantis endlich eindeutig festlegen zu wollen.

Vieles deutet darauf hin, dass sich die mythische Insel Atlantis westlich des heutigen europäischen Kontinents befand. Platon nannte sie atlantis nesos – die »Insel des Atlas«, denn in der altgriechischen Religion galt der titanische Gott Atlas, als Träger des Himmelsgewölbes im Westen. Seine Töchter, die Hesperiden, hüteten einen von einer großen Schlange bewachten Garten. Darin stand ein Wunderbaum an dem goldene Äpfel wuchsen. Wer diese Äpfel aß, erhielt ewige Jugend. Und so heißt es, dass den olympischen Göttern von dorther ihre Unsterblichkeit verliehen wurde.

Die Symbolik von Garten, Schlange und Apfel taucht in verschiedenen Mythen der Menschheit immer wieder auf, da durch sie ein grundlegendes Geheimwissen wiedergegeben wird, dass sich um das Mysterium von Leben, Heilung, Tod und Weisheit dreht.

Als Frucht der Weisheit und des Todes, wächst der Apfel im Garten Eden am Baum der Erkenntnis, um dessen Äste sich eine verführerische Schlange windet, und dazu überredet von ihm zu kosten. Hingegen ist der Apfel, wie er im Garten der Hersperiden wächst, ein Symbol von Leben und Heilung, wobei hier eine Schlange die Äpfel bewacht, die jeden daran hindert von ihm zu kosten – es sei denn er ist göttlicher Abstammung. Der Schlange als Symbol von Weisheit und Heilung, begegnen wir auch im Buch Numeri, dem vierten Buch Mose, im Johannes-Evangelium, sowie in der apollonischen Sage. Als Heilmittel begegnet uns jener geheimnisvolle Apfelbaum auch in der keltischen Mythologie. Aus dem keltisch-kymrischen Wort für Apfel, aball, leitet sich nämlich der Titel für einen anderen sagenumwobenen Ort ab: Avalon – die »Insel der Äpfel«.

Ließe sich hieraus möglicherweise ein geographischer Zusammenhang zwischen Atlantis und Avalon herleiten? Zumindest scheint eine mythologische Verbindung zu bestehen, die vermuten lässt, dass die Insel Avalon, möglicherweise ein Teil des einstigen atlantischen Kontinents gewesen sein könnte. Geht man davon aus, dass mit Avalon gleichzeitig die Region Südenglands bezeichnet wird, ist hier auch noch anzuführen, dass der zuvor erwähnte Mikrokontinent Avalonia in einem Zeitraum von ca. 100 Millionen Jahren mit der baltischen Platte aufeinanderprallte, woraus das heute bestehende geologische Fundament Südirlands, Südenglands und Norddeutschlands gebildet wird.

Es gibt aber auch einen geomantischen Zusammenhang: Wenn wir den Steinkreis von Avebury (in Südengland, in der Nähe von Stonehenge) auf der Landkarte durch eine Linie mit dem Turm auf dem Glastonbury Tor Hügel verbinden, und diese Linie in Richtung Südostengland weiterziehen, schneidet sie genau den St. Michael's Mount in Cornwall – man nennt diese Linie den »Drachenpfad«. Führen wir die Linie fort und überqueren den Atlantik, dann schneidet die selbe Linie verblüffender Weise genau die Tempelanlage der Maya-Stadt Copán – jener alten Stätte, in der man viele Symbole fand, die auf eine atlantische Vorzeit hinweisen!

Laut mythischer Überlieferung ist Avalon ein von Nebeln umgebener paradiesischer Ort, der von neun Zauberinnen bewohnt wird, die die hohe Kunst der Heilkunde beherrschen. Die Legende von Avalon ist vor allem bekannt durch die keltischen Sagen um den Druiden Merlin, die Zauberin Morgan le Fay und die Ritter der Tafelrunde des König Arthus.

Einiges deutet darauf hin, dass es sich bei der Insel Avalon um den geschichtsträchtigen südenglischen Ort Glastonbury handelt, da sich dieser zum einen auf der oben beschriebenen geomantischen Ley-Linie befindet, und darüber hinaus markante historische Merkmale für solch eine Annahme liefert: Bereits 200 v. Chr. besiedelten die sagenhaften »Lake Village People« diesen von Salzwassersümpfen umgebenen Ort, hier soll Joseph von Arimathäa (ein Jünger Christi) den Eucharistie-Kelch verborgen und bereits im Jahre 63 die erste christliche Kirche in Europa errichtet haben, König Arthus soll in der Abtei zu Glastonbury mit seiner Gattin Guinevere beigesetzt worden sein, und südlich von Glastonbury befindet sich eine Festung aus dem Ende der Eisenzeit, von der man behauptet, es sei der königliche Hof Camelot. Wegen dieser und etlicher anderer Sagen die sich um diesen südenglischen Ort drehen, erhebt Glastonbury den Anspruch, selbst das mythische Avalon zu sein.

Vieles deutet auch darauf hin, das Glastonbury noch vor etwa 1.200 Jahren von großen Seen umgeben war und dieser hügelige Ort eine Insel bildete. Auch heutzutage kann sich Glastonbury bei lange anhaltendem Regen in eine Art Insel verwandeln, denn dann bilden sich aus den umgebenden Mooren und Sumpflandschaften große Seen, die den Ort umschließen. Durch die geographische Lage, knapp unterhalb des Meeresspiegels, eingebettet in die umgebende Hügellandschaft der Grafschaft Somerset, liegt es Nahe, dass die in der avalonischen Sage erwähnten Nebel, wie sie bis zum heutigen Tage immer wieder auftreten, einst diesen geheimnisvollen und geschichtsträchtigen Ort umschleierten.

Doch trotz all dieser Annahmen kann die endgültige Lokalisierung der Insel Avalon nicht eindeutig zugeordnet werden. Dieser mythische Ort ist anscheinend unserem heutigen Blick entschwunden, und wir können uns seine irdische Existenz aus den hier geschilderten Schemen mythologischer, geschichtlicher und geographischer Informationen lediglich zusammenreimen. Das ist bestimmt einer der Gründe, wieso

Avalon oft auch als ein Ort beschrieben wird, der jenseits der stofflichen Welt existiert, und sich auf der astralen Weltebene befindet – eine Art Lichtland, wo sich die Seelen frei von Stofflichkeit bewegen können, und nicht den Täuschungen der Materie anheimfallen. Ähnlich dem mystischen Königreich Shambhala, wie es in den tibetischen Legenden erwähnt wird, ist Avalon nicht unbedingt nur ein physischer Ort auf der Erde, sondern auch ein Konzept spiritueller Vollkommenheit, dass sich jedoch auf der Erde an bestimmten Orten manifestieren kann, so wie eben in Glastonbury. Vermutlich wird durch die im geheimen wirkende Weiße Bruderschaft die Manifestation solcher heiliger Weltzentren immer wieder an anderen Orten auf der Erde erscheinen, damit dort die Thematik des jeweiligen Zeitalters beschlossen werden kann. So taucht in der Mitte des »Fischezeitalters« im Umfeld der Arthussage die Legende der Gralsburg Montsalvatsch auf, auf der der leidende Fischerkönig Amfortas, auf seine Genesung wartet, die durch einen Heilsbringer, erfolgen sollte, welcher kein geringerer war als der narrenhafte Held Parzival.

In der avalonischen Sage tauchen an verschiedenen Stellen bestimmte heilige Gegenstände auf, die von geheimnisvollen Priesterinnen einem

Helden übergeben werden, um ihm die Kraft zu verleihen, die Menschheit von Armut, Hunger, Krankheit und Ignoranz zu heilen. Diese vier magischen Schätze treten in Erscheinung als ein sprechender Teller oder Stein, ein magischer Kelch, oft auch in Zusammenhang mit dem heiligen Gral erwähnt, ein Speer der Unbesiegbarkeit, welcher im christlichen Mythos der heiligen Lanze des Longinus entspricht, und ein magisches Schwert mit dem Namen »Excalibur«. Dieses magische, Runen tragende Schwert wurde König Arthus von Elaine, der Hüterin von Avalon und Herrin eines verborgenen Sees, übergeben. Mit diesem Schwert wurde ihm die Macht verliehen das einst verloren gegangene Königreich wiederherzustellen. Denn nach dem Abzug der Römer im 5. Jahrhundert, wurde Britannien mit dem Eindringen verschiedener Horden umherstreifender Raubritter, gebrandschatzt und verwüstet. Arthus war der von Merlin auserwählte König, der die Ordnung in England wiederherstellen sollte, um dadurch das Land zu heilen. Nach Arthus' letzter Schlacht, wurde Excalibur wieder dem verborgenen See übergeben, auf dessen Grund es vermutlich bis auf den heutigen Tag darauf wartet, wieder gefunden zu werden.

Der Sage nach, wurde Arthus in jener Schlacht, schwer verwundet und daraufhin auf einer geheimnisvollen Barke auf die Insel Avalon entrückt, wo er von seiner Halbschwester Morgan le Fay geheilt wurde.

Von dort soll König Arthus eines Tages zurückkehren, um die Menschheit am »Ende der Tage«, aus den Zwängen ihrer projektiven Wahrnehmung, und den sich daraus entwickelten inneren und äußeren Feinden zu befreien – jenen Gegnern des Menschen, durch die viel Unheil über die Erde kam. Von Avalon aus, sollen dann die Seelen ins Licht geführt, die Wüstenei beendet, und so Mutter Erde befriedet und die Menschheit von ihrem Leid endlich befreit werden.

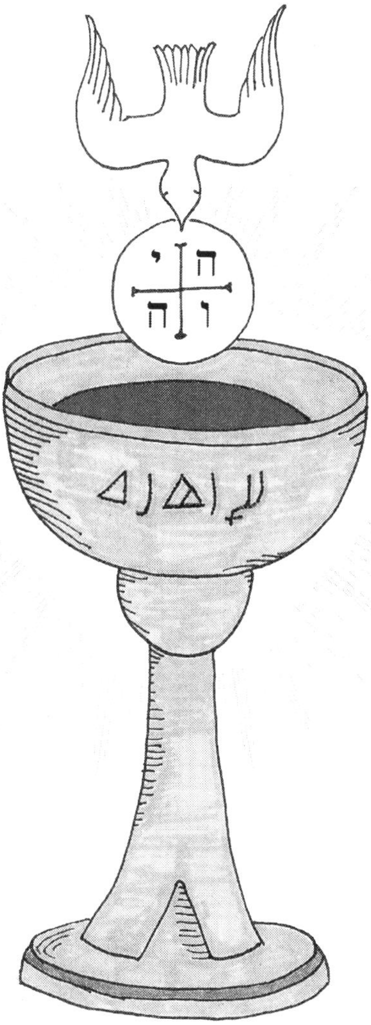
יה
וה

Das Geheimnis des Heiligen Grals

Die Erkenntnisse die uns durch den Gral gegeben werden, gleichen einer endlosen Spirale. Viele haben schon einmal vom heiligen Gral gehört, doch nur wenige wissen, worum es in diesem Mysterium eigentlich wirklich geht. Dabei ist der große Zyklus des Grals eine der wichtigsten symbolischen Überlieferungen west-östlicher Esoterik. Oft wird der Gral mit dem heiligen Kelch des letzten Abendmahls Jesu in Verbindung gebracht. Manche aber die von sich behaupten, sie wären bereits mit der Legende des Heiligen Grals vertraut, werden bezeugen können, dass das nur ein Teil der vielen verschiedenen Legenden ist, die sich um diesen Mythos drehen, denn das Mysterium des Grals ist ein Geheimnis ungeheurer Bedeutungsvielfalt.

Es ist interessant zu sehen, in wie vielen Kulturkreisen Europas und Asiens, es Legenden von einem heiligen Gegenstand gibt, von dem heilende Kräfte ausgehen. Gral wird oft als ein Kelch, zuweilen als Schale, auch als Teller, Kessel oder als ein besonderer Stein vorgestellt. Doch ist der Gral immer etwas, das denjenigen, der sich in seiner Nähe befindet, erleuchtet, ihm paradiesische Freuden bereitet, unbegrenzt

Speisen auftischt, Gesundheit verleiht und sogar ewiges Leben spendet.

Nur aber rechtschaffenden Menschen, die reinen Herzens und frei von irdischen Begierden sind, wird der Zugang zum Gral gewährt. Es heißt, der Gral selbst bestimme, wer ihn sehen darf.

Wer aber waren die Menschen, die den Gral schoneinmal zu Gesicht bekamen?

In welcher Zeit tauchte das magische Gefäß zum ersten mal auf - und - wo befindet es sich heute?

Mit Sicherheit ist das Geheimnis des heiligen Grals schon sehr alt, denn wir finden Spuren in Persien, Chaldäa, Ägypten, in Griechenland, sowie bei den Kelten Nordeuropas. Wesentliche Züge der Gralsüberlieferung bildeten sich vermutlich im ägyptischen Alexandria, dem kulturellen Weltzentrum der Antike. Im Zeitraum zwischen 200 vor Chr. und 300 nach Chr., vermischten sich dort verschiedene antike Religionslehren mit den Weisheiten der Gnostiker, Neuplatoniker, Neupythagoreer und Essener. Die Gelehrten dieser religiösen und philosophischen Gruppierungen, gründeten in Alexandria ihre Mysterienschulen, die das Geheimnis des Grals streng hüteten.

Erst im Mittelalter, wurde von den romanischen

Troubadouren und Barden in ihren Dichtungen und Gesängen, auf das Gralsmysterium hingedeutet. Sie sangen von der »Großen Queste«, der Reise eines Helden auf der Suche nach Erlösung. Darin durchstreifte ein Held in allen vier Himmelsrichtungen die Welt, in der Hoffnung, den Schatz zu finden, mit dessen Inhalt er für die Menschheit das verloren gegangene Paradies wiederherstellen konnte. Er ahnte, dass sich in diesem Schatz ein Schlüssel befand, womit er das Tor zum Mittelpunkt der Erde eröffnen konnte - dem Ort, wo sich der Baum des ewigen Lebens befand.

Doch begab er sich auf diese Reise keineswegs nur zu einem Zentrum in der äußeren Welt. Es war, wie wir später noch sehen werden, vor allem eine Suche nach einem »Zentrum« in ihm selbst.

Die weltlichen Zentren in denen sich der Gral offenbarte, befanden sich, dem Zeitalter entsprechend, immer wieder an anderen Orten - das Grundmotiv war aber immer das selbe. Lediglich die Erscheinungsformen variierten in den verschiedenen Legenden.

Bei den alten Griechen war es der Kelch der Extase, aus dem der griechische Gott Dionysos seinen Wein trank. Oder es war eine goldene

Schale, aus der der schöne Hirtenknabe Ganymed, den olympischen Göttern den Lebenstrank Ambrosia kredenzte. Bei den Narten, einem halbgöttlichen Volk des Kaukasus, war es Uazamonga, die schwebende Schale der Wahrheit. In einer walisischen Sage, wird ein geheimnisvoller »Wiedergeburtskessel« erwähnt, in den bei Sonnenuntergang tote Krieger geworfen wurden, die daraus dann beim nächsten Sonnenaufgang wieder »auferstehen« sollten. Dieses Gefäß, wird oft auch mit dem legendären Riesen Bran in Verbindung gebracht, der daraus jede gewünschte Speise (außer Fleisch) hervorzauberte.

Eine andere Legende, ist die vom gefallenen Erzengel Luzifer, aus dessen Krone der Erzengel Michael mit seinem Schwert einen smaragdenen Juwel schlug. Dieser Stein fiel auf die Erde und verwandelte sich erst in eine Tafel, dann in einen Tisch und zuletzt in einen Teller oder Kelch.

Im 14. Buch der Genesis, finden wir eine andere Gralsüberlieferung. Darin segnete der Priesterkönig Melchisedek, den Propheten Abraham, reichte ihm Brot und in einem heiligen Gefäß Wein. Tausende Jahre später, wurde dieses uralte Ritual beim letzten Abendmahl von Jesus zelebriert, der laut Hebräerbrief selbst Hohepriester des Melchisedek-Ordens war (Hebräer 5, 6-10).

Das ist die wohl bekannteste Überlieferung des christlichen Gralsmythos, auf die wir im Folgenden genauer eingehen wollen.

GALAHAD
LIONEL
GAWAIN
BORS
LANCELOT
PARCIVAL
KÖNIG ARTUS
DELIAS
TRISTAN
KÖNIG RYONS
KÖNIG CARADOS
KÖNIG YDIER
KÖNIG

Das letzte Abendmahl

Der Abendmahlskelch wurde nach Jesus Tod aus Palästina nach Europa gebracht. Dies geschah durch Joseph von Arimathäa, einem reichen Juden, der Mitglied der Sanhedrin gewesen war, Priestern des Hohen Rats im Jerusalemer Tempel. Er war ein Jünger Chrsti, und erbat sich den Leichnam Jesu vom Kreuz abnehmen zu dürfen, um ihn in dem für ihn selbst bestimmten Grab beizusetzen.

Als nun aber am Ostermorgen der Leichnam Jesu aus dem Grab verschwunden war, verdächtigte man Joseph des Leichenraubs. Er wurde verurteilt, verhaftet und man warf ihn auf unbestimmte Zeit in einen Kerker nahe der Schädelstätte Golgatha. Niemand gab ihm dort zu essen oder zu trinken. Er hatte bei sich nur sein Gewand und den heiligen Kelch. Jeden Tag aber kam der heilige Geist in Form einer Taube zu ihm in den Kerker, und legte ein Stück Brot in Form einer Hostie auf den Kelch, der immer mit lebendigem Wasser gefüllt war. So wurde er alleine durch den heiligen Kelch ernährt und konnte die Jahrzehnte lange Haft überleben.

Eines Nachts erschien ihm in einem Traum Jesus. Er ernannte Joseph zum Gralshüter und gab ihm den Auftrag, den Kelch nach England zu bringen.

Dort solle er nach einem Hügel suchen, der dem Berg Tabor in Palästina ähnele (jenem Berg auf dem Christus im Licht Gottes verklärt wurde). Am Fuße dieses Hügels sollte er den heiligen Kelch verbergen.

Nach 42 Jahren kam Joseph frei. Er kehrte seiner Heimat den Rücken und reiste in Begleitung der heiligen Veronika, Maria Magdalena und einer Gruppe von 12 Gefolgsleuten, über das Mittelmeer nach Marseilles in Frankreich. 70 n. Chr. erreichten er und seine Begleiter dann schließlich Südengland. Nach langer Suche, sah Joseph vom Schiff aus den Hügel, den ihm Jesus in seinem Traum gezeigt hatte. Es war der Glastonbury Tor, ein von Salzwassersümpfen umgeber Hügel, der den Kelten als Insel Avalon bekannt war (»Tor« ist ein alt-keltisches Wort für eine konische Erhebung in der Landschaft). Am Fuße dieses Hügels verbarg er also den heiligen Kelch, wo heute zwei Heilquellen entspringen – sie stehen allegorisch für das Blut und das Wasser, das aus Jesus' Brust rann, als man ihm die Lanze in die Seite stieß.

Unweit dieser Quellen erbauten Joseph und seine Gralshüter die erste Kirche Englands, auf deren Grundmauern man 1.000 Jahre später, zu Ehren der Jungfrau Maria eine Kapelle errichtete, die dereinst das Herzstück der Abtei zu Glastonbury bilden sollte. Joseph von Arimathäa war der erste Hüter aus dem dem Geschlecht der Gralsritter und Glastonbury bildet seitdem also ein Zentrum des christlichen Gralszyklus.

Vier heilige Gegenstände

Es geht im Gralsmythos um ein Blutmysterium und ein Speisungsmysterium.

Das Wesen des Blutmysteriums wird deutlich, wenn wir uns den französischen Namen für den heiligen Gral genauer ansehen: »San Greal« leitet sich vom alt-französichen »Sang Real« ab, was soviel bedeutet wie »das Blut des Königs«.

Nachdem der Centurio Longinus dem gekreuzigten »König der Juden« seine Lanze in die Seite stieß, rann Blut aus Jesu Brust. Als Joseph von Arimathäa Jesu vom Kreuz nahm, sammelte er einige Tropfen des heiligen Blutes im goldenen Kelch des Abendmahls. So wurde aus diesem Kelch der Gral der Einsegnung - ein Gegenstand, von dem heilende und lebenserhaltende Kräfte ausgingen.

Noch zu Jesus Lebzeiten wurde Johannes der Täufer umgebracht. Auf Verlangen der Herodias (der Geliebten des Herodes Antipas) wurde Johannes mit einem Schwert enthauptet, und sein Kopf von Herodias' Tochter Salomé auf einem silbernen Teller überreicht. Als Jesus von dieser Hinrichtung erfuhr, zog er sich aus Trauer zurück, seine Jünger gingen ihm nach, und durch ein Wunder speiste er mit zwei Fischen und fünf Broten 5.000 Menschen - »Und sie aßen alle und wurden satt« (Matthäus 14,20).

Ebenso wie das heilige Blut Christi auf den Kelch seine heilenden Kräfte übertrug, so gingen auch vom Haupt Johannes des Täufers solche Kräfte auf den Teller über.

Das Speisungsmysterium deutet auch auf das letzte Abendmahl hin, denn das Brot, war Symbol für den Leib Jesu, der zur Erlösung der Menschen geopfert wurde.

Im Kontext der Opferungen von Jesus Christus und Johannes dem Täufer, begegnen uns also vier Gegenstände, durch die das Blut- und Speisungsmysterium besiegelt wurde:

- die Lanze, mit der Longinus dem gekreuzigten Jesus in die Seite stach,
- der Kelch des letzten Abendmahls,
- das Schwert mit dem man Johannes enthauptete,
- und der Teller auf dem Johannes' Kopf überreicht wurde.

Esoterisch stehen der Kelch und der Teller für Heilung und das Mysterium des ewigen Lebens. Derjenige der aus dem Kelch trinkt oder eine Speise von dem heiligen Teller zu sich nimmt, dem soll Erleuchtung, Gesundheit und ewiges Leben verliehen werden. Die Lanze hingegen, deutet hin auf den Sieg über den Tod und damit auf das Mysterium der Wiederauferstehung.

Das Schwert ist Symbol für das Wort Gottes, mit dessen Kraft man Gerechtigkeit über das Land zu bringen vermag.

Neben dem christlichen Mysterium, gibt es aber zu diesen vier heiligen Gegenständen auch eine interessante Parallele zu anderen Mythen. In der irischen Mythologie sind es die vier Heiligtümer der Túatha Dé Danann, den göttlichen Nachkommen der Muttergottheit Danu, die aus Hyperboräa kommend, aus den vier Weltecken (Himmelsrichtungen), vier heilige Gegenstände nach Tara brachten, dem Ort den sie das »Land der Mitte« nannten. Es handelte sich hier um

- den Speer des Lugh, ihn brachten sie aus der Stadt Finias im Süden,
- ein Gefäß, den Kessel des Dagda, den sie aus der Stadt Murias, dem Land im Westen brachten,
- das Schwert Fragarach, dass auch mit dem Zauberschwert Excalibur von König Artus in Verbindung steht, dieses brachten sie aus der Stadt Gorias im Osten

- und der Königsstein Lia Fail kam aus der nördlichen Stadt Falias, und war ein sprechender Zauberstein der den wahren König Irlands nannte.

In der hermetischen Tradition der alten Ägypter, entsprach diese Vierheit den vier Seiten der großen Cheops-Pyramide von Gizeh, die eigentlich in der Spitze des Bauwerks zusammenlaufen und so eine Einheit bilden. Doch wegen des fehlenden Schlussteins, bleibt diese Vierheit getrennt. Erst wenn der fehlende Stein auf dem Bauwerk platziert wird, ist es vollendet und die Einheit ist wieder hergestellt.

Manche ordnen diesem Deckstein auch den legendären Stein der Weisen zu, jenem »Ding«, nach dem seit jeher die Alchemisten suchen, denn sie wissen, das durch das Vereinheitlichen der vier alchemistischen Elementen Feuer, Wasser, Luft und Erde das Elixier des ewigen Lebens bereitet werden kann - jener Substanz, die Naturwissenschaftler als »Dunkle Energie« bezeichnen - dem Lapis Exillis.

Die Symbolik der Vierheit kannte man natürlich auch noch im Mittelalter. Im Heldenepos »Parzival« (Wolfram von Eschenbach), stellt der Held die Frage nach dem »was fehlt«, wodurch der verwundete König Amfortas geheilt, und so die Einheit wieder hergestellt und das »wüste Land« befriedet wird. Mit Parzival wird oft auch »der Narr« aus dem großen Arkanum des Tarot gleichgesetzt. Diese Figur durchläuft im Einweihungssystem des Tarot eine Reise. Er begegnet darin den 21 Archetypen der Menschwerdung, um am Ende »die (viergeteilte) Welt« in einen paradiesischen Zustand zurück zu führen. Interessant dabei ist, dass die zuvor beschriebene Vierheit auch im kleinen Arkanum des Tarot auftaucht:

- Stäbe lebendigen Holzes,
- goldene Kelche,
- Schwerter
- und Münzen auf denen das Pentakel der Venus abgebildet ist.

Diese Symbole haben ihre Entsprechung in den vier alchemistischen Elementen, und weisen ebenfalls auf die vier kabbalistischen Welten hin: der archetypischen, formgebenden, schöpferischen und materiellen Ursachen, durch welche die Welt in ewigem Kreislauf erschaffen, zerstört und neu erschaffen wird.

Im Lebenslauf des Sonnenhelden, versinnbildlicht diese Vierheit die Lebensstationen von

Geburt, Leben, Tod und Wiedergeburt.

Lassen Sie uns im Folgenden, die Geschichte des Helden Parzival (franz. »par ce val«, durch das Tal) etwas genauer beleuchten.

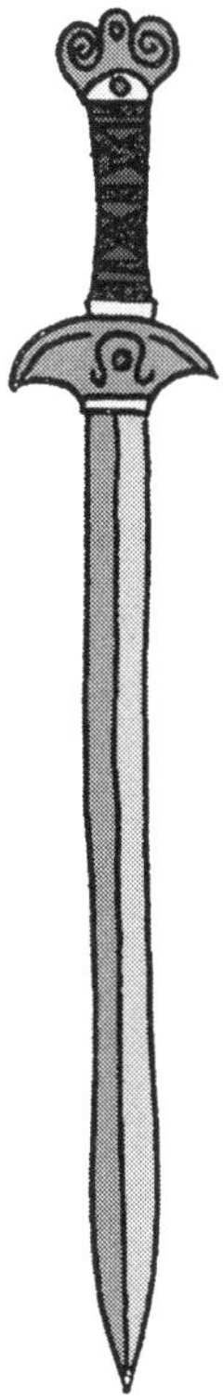

Die Hüter des Grals

Der Gral kam durch Joseph von Arimathäa im 1. Jhd. nach England. Doch in der Zeit der römischen Besatzung Britanniens, wurde der Gral vermutlich nach Rom gebracht. Als dann im 8. Jhd. die Sarazenen in Europa einfielen, wurde der Gral nach Spanien gebracht. Der heilige Laurentius versteckte ihn in einem Kloster in den pyrenäischen Bergen. Von dort brachte man den Gral dann auf den Montsalvatsch (der »Heilige Berg« in Wolfram von Eschenbachs Parzival). Dort nämlich bewahrte der große Eingeweihte König Titurel für einige Generationen das uralte Ritual von Wein und Brot.

Titurel war der Urgroßvater des Helden Parzival, auf den das Gralskönigtum dereinst übertragen werden sollte. Parzivals Vater Gamureth, Sohn des Königs von Anjou, heiratete die Schwester des Fischerkönigs Amfortas: Herzeloyde, die Königin von Wales.

Noch bevor Parzival zur Welt kam, verstarb sein Vater. Gamureth fiel in einer Schlacht, als er an der Seite des Sarazenenfürsten Baruch im fernen Baghdad kämpfte. Aus Angst, dass ihren Sohn Parzival ein ähnliches Schicksal ereilen könnte, zog sie mit ihm in die Einsamkeit des Waldes von Soltane. Parzival wusste viele Jahre nichts von seiner eigentlich königlichen Abstammung, doch war seine seelische und geistige Berufung, auf dem Weg zum neuen Gralskönig, bereits keimhaft in ihm angelegt. Als er einmal im Wald spielte, sah er plötzlich drei Ritter des König Artus an ihm vorüberreiten. Staunend über ihre glänzenden Rüstungen, wünschte er sich auch einmal Ritter zu werden. Dies war der Ruf, der in ihm das große Bedürfnis erweckte, die Einsamkeit der Wildnis zu verlassen und sich auf eine abenteuerliche Reise zu begeben. So ergab es sich also, dass er seine Mutter verließ.

Seine Mutter aber war darüber sehr traurig. Sie steckte ihn deshalb in ein albernes Narrenkostüm, setzte ihn auf einen alten Ackergaul, damit er ja einen lächerlichen Eindruck mache, und ihn keiner mit seinen ritterlichen Absichten ernstnehme. Er sollte von der Welt verspottet werden und reumütig zu ihr zurückkehren. Doch stärkte sie damit letztendlich nur ihre eigene Abhängigkeit von ihrem Sohn, und als er sie verließ erlosch ihr Lebenswille. Noch in der folgenden Nacht verstarb sie.

Auf Parzivals Weg begegnete ihm der Rote Ritter, der von Artus' Hof einen goldenen Kelch entwendet hatte. Parzival sah die schöne Rüstung und verlangte von dem Ritter diese ihm zu geben. Als der sich aber weigerte der törichten Aufforderung des Jungen nachzugeben, warf Parzival in seinem Übermut einen seiner Speere auf den Ritter, und traf ihn durchs Visier seines Helmes direkt in den Kopf. Dem getöteten Ritter nahm er die Rüstung ab, legte sich diese selbst an, steckte den Kelch in seinen Beutel und ritt weiter auf dem Weg zum Hofe König Artus'.

Auf seinem Weg dorthin kam er zur Gralsburg auf dem Montsalvatsch, dem heiligen Berg. Aus unbekanntem Grund erwartete man ihn dort bereits. Es war die Burg des Fischerkönigs Amfortas. Alle in der Burg litten mit dem schwer verletzten König und mit ihnen das gesamte Land. Einst strafte Gott den Amfortas, da er gegen das Keuschheitsgesetz der Gralsgesellschaft verstoßen hatte. Er wurde von dem Schwarzmagier Klingschor in einen Zaubergarten geführt, wo er von wunderschönen Blumenmädchen umgarnt wurde. Ihnen leistete er Liebesdienste und wollte sich mit einer der Mädchen vermählen. Doch das stellte ein Vergehen dar, denn die Frau des Gralskönigs konnte nur von Gott selbst bestimmt werden. So kam es, dass er in einem Zweikampf von einer vergifteten Lanze zwischen den Schenkeln verletzt wurde, was zu einer Wunde führte, die ihn zeugungsunfähig machte, und von keiner Arznei der Welt geheilt werden konnte. Die Anwesenheit des Grals linderte lediglich seine Leiden.

Als Parzival auf der Burg ankam, begrüßte man ihn freundlich, nahm ihm die Rüstung ab und legte ihm einen purpurnen Mantel um. Man führte ihn in einen festlich geschmückten Saal indem 400 Ritter versammelt waren. In ihrer Mitte lag auf einem Tragbett der Burgherr Amfortas. Parzival wusste in diesem Moment noch nicht, dass dieser sein Onkel war.

Es öffnete sich ein eisernes Tor und eine Prozession schritt in den Saal des Gralstempels. Er sah als erstes einen Knappen in den Saal laufen, der eine Lanze vor sich hertrug, von der Blut tropfte. Ihm folgten 24 edel gekleidete Jungfrauen, die in ihren Händen Kerzenleuchter trugen und diese auf einem Tisch aus Elfenbein vor Amfortas abstellten. Alsdann erschien die königliche Gralsjungfrau Repanse de Schoye. Ihr Gesicht leuchtete, als ginge die Sonne auf und in ihren Händen trug sie vor sich einen in Gold gefassten, smaragdenen Kelch, von dem ein magischer Lichtschein ausging – es war der heilige Gral. In dem Augenblick, da dieses wundersame Gefäß offenbart wurde, waren plötzlich im ganzen Saal 100 Tische mit köstlichen Speisen gedeckt.

Dann kam ein Page und brachte dem Gastgeber ein Schwert. Er reichte es Parzival mit den Worten »Bevor mich Gott verstümmelte, hat es mir in vielen Ländern beigestanden«. Der junge Parzival griff nach dem Schwert, doch hätte er jetzt eigentlich die Frage stellen müssen, was denn der Grund für Amfortas' Leiden sei. Doch er schwieg, da er nichts falsch machen wollte und sich seiner Rolle zu diesem Zeitpunkt noch nicht bewusst war.

Die gesamte Prozession machte kehrt und man trug den leidenden Fischerkönig aus dem Festsaal. Ihm folgten die Gralsjungfrauen und alle 400 Ritter, die sich alle über Parzivals Verhalten empörten.

In dieser Nacht plagten Parzival schlimme Alpträume und als er am nächsten Morgen aufwachte, fand er die Gralsburg leer. Er ritt von dannen, und kam nach langer Reise zum Hofe des König Artus. Dort angekommen trat er in den Saal wo ihn Artus und die Ritter der Tafelrunde feierlich in ihren Kreis aufnahmen. Er hatte den gefürchteten Roten Ritter getötet.

Dort trat dann plötzlich auch die Gralsbotin Cundrie la Surziere auf. Sie war eine hässliche alte Frau, doch war sie sehr gelehrt und verfügte über große Weisheit. Vor versammelter Ritterschaft enthüllte sie Parzival, dass er der Sohn Gahmureths sei, was Parzival bis zu diesem Zeitpunkt nicht bewusst gewesen war. Jetzt wurde ihm klar, dass er aus der Familie der Gralshüter stammte - König Artus war sein Vetter. Doch Cundrie verfluchte ihn und prangerte an, dass er aus Herzlosigkeit unterlassen habe den Fischerkönig Amfortas nach dem Grund seines Leidens zu fragen. Sie löste in Parzival große Traurigkeit aus, so dass er sich veranlasst sah wieder aufzubrechen, um seine Unterlassungen wieder gut zu machen. Er wollte also wieder zurück zur Gralsburg. Doch fand er den Weg nicht mehr und irrte jahrelang, ziellos auf seinem Gaul durch die Wildnis und musste viele Abenteuer bestehen. In dieser Zeit wurde er vom närrischen Jüngling zum erwachsenen Mann.

An einem Karfreitag suchte er die Eremitenklause seines Onkels Trevrizent auf. Dieser weihte ihn in das Mysterium des Grals ein.

»Als Luzifer, einst höchster Engel, mit seinen Heerscharen im Himmel rebellierte, wurde er in die Unterwelt gestürzt, und ihm folgten ein

Drittel der Engel. Ein weiteres Drittel blieb bei Gott, das waren die guten Engel, und ein anderes Drittel der Engel hinterließen auf der Erde den heiligen Gral. Das waren die neutralen Engel. Sie übergaben ihn an die Ritter des Gralskönigs und seitdem wurde er in der Gralsburg Montsalvatsch aufbewahrt.

Alle, die reinen Gemüts und ehrenhafte Ritter waren, deren Namen erschienen mit feurigen Lettern auf dem Rand des Kelches. Sie konnten Kraft dieses Steines leben, denn er brachte jedem der ihn ansah ewige Jugend«.

Bevor Parzival die Einsiedelei seines Onkels Trevrizent wieder verließ, gab ihm dieser noch den Rat, Buße für seine begangenen Sünden zu tun. »Verdiene Dir mit Leiden im Diesseits, Ruhe für die Seele im Jenseits«.

Durch die Gespräche mit seinem Onkel wurde er also eingeweiht in das Geheimnis des Grals: »Niemand kann den Gral finden, der nach ihm sucht – der Gral beruft vielmehr diejenigen zu sich, von denen er gefunden werden will. Nur diejenigen Ritter, die sich der weltlichen Liebe entsagt haben, können zum Gralshüter werden. Dann wird ihnen von Gott auch eine Frau gegeben«. Trevrizent wieß ihm den Weg zur Gralsburg und Parzival machte sich auf.

Auf seiner Reise zur Gralsburg begegnete ihm sein muslimischer Halbbruder Feirefiz. Beide kannten sich zu diesem Zeitpunkt noch nicht. Die beiden Ritter rüsteten sich, und trugen gegeneinander den schwierigsten Kampf aus, den sie jemals zu bestehen hatten. Zwar gelang es Feirefiz seinen Bruder in die Knie zu zwingen, doch holte Parzival in diesem Moment zu einem gewaltigen Schlag aus, der auch Feirefiz in die Knie zwang. Doch dabei zerbrach sein Schwert und er wurde somit wehrlos. Feirefiz warf dennoch großmütig sein Schwert weg, und gestand Parzival, dass er sich geschlagen gegeben hätte, wäre dessen Schwert nicht zerbrochen.

Während sie sich unterhielten, erkannten sie, dass sie Halbbrüder waren - sie hatten den selben Vater. Parzival erzählte ihm vom leidenden Fischerkönig und seine Mission, und sie ritten gemeinsam zur Gralsburg.

Als Parzival und Feirefiz zu Amfortas' Hof kamen, begegnete ihnen die Gralsbotin Cundrie. Sie entschuldigte sich bei Parzival für ihr Verhalten während ihrer letzten Begegnung und bat ihn einzutreten. Sie sagte ihm voraus, dass die Suche nun ein Ende hätte, da er durch seine Frage Amfortas heilen, und dadurch selbst zum neuen Gralskönig werde. Als er dann im Tempel zu Amfortas kam, fiel er dreimal vor ihm auf die Knie und stellte ihm endlich die erlösende Frage: »Oheim, woran leidest Du?« - dadurch wurde der verwundete Fischerkönig endlich von seinen Leiden befreit. Erneut kam die Gralsprozession in den Saal. Doch diesmal wurde keine Lanze hereingetragen. Nur die 24 Gralsjungfrauen kamen und ihnen folgte Repanse de Schoye mit dem Gral.

Als Feirefiz die Repanse sah, entbrannte sein Herz in unwiderstehlicher Liebe zu ihr. Er ließ sich taufen und die beiden heirateten. Sie verließen die Gralsburg Montsalvatsch, und reisten ins ferne Indien, wo vor langer Zeit die Apostel Thomas und Bartholomäus das Evangelium verkündet hatten. In Pataliputra, in der Nähe der heiligen Stadt Benares, ließen sie sich nieder. Dort kam ihr Sohn Johannes zur Welt, der dann einmal die Nachfolge der Gralshüter antreten sollte: Priesterkönig Johannes von Indien.

Priesterkönig Johannes

Der mysteriöse Priesterkönig wurde zu einer Legende, die im Mittelalter einen wichtigen Platz in der Phantasie der Menschen Europas einnahm. Mitte des 12. Jhd. wurde dem byzantinischen Kaiser Manuel I. ein geheimnisvoller Brief überbracht. Dieser stammte angeblich von dem im fernen Asien lebenden Priesterkönig. Der Brief erregte so großes Aufsehen, dass man sogar Abschriften davon anfertigte, und sich so sein merkwürdiger Inhalt binnen kurzer Zeit in ganz Europa verbreitete.

In diesem Brief beschrieb der Priesterkönig sein fabelhaftes Reich. Er besaß angeblich ein Zepter aus reinem Smaragd. Es waren ihm 72 Könige tributpflichtig und sein riesiges Reich erstrecke sich von Indien, über die Wüste Gobi bis an den äußersten Rand der östlichen Welt. In seinem Land lebten Elefanten und Kamele, Vampire, gehörnte Menschen, Faune, Satyrn, Giganten und der Wundervogel Phönix. Durch sein Reich, so der Priesterkönig, fließe der Fluss Ydonus, der im irdischen Paradies entspringe und dessen Kiesel aus Gold und wertvollsten Edelsteinen seien. In seinem Reich stehe ein heiliger Berg, an dessen Fuße eine Quelle entspringt, und derjenige der davon dreimal trinke, dem würde

Unsterblichkeit verliehen werden. Sein Heer bestehe aus 10.000 Reitern und 100.000 Fußsoldaten die mit 13 Wagen, auf denen sich jeweils ein großes, goldenes Kreuze befindet, gegen die Feinde des Priesterkönigs in den Kampf ziehen. Auch der Palast in dem er lebte sei von unermesslicher Pracht. An einem smaragdenen Tisch speisten täglich 30.000 Gäste. Die Tore des Palastes waren mit dem Horn von Riesenschlangen belegt, die Böden aus reinsten Edelsteinen und unweit des Palastes soll sich ein hoher Turm befunden haben, der einen riesigen Spiegel trug, mit dem Johannes die Geschehnisse in allen Provinzen beobachten konnte.

Der Brief in dem Kaiser Manuel diese »bescheidene« Darstellung des sagenhaften Priesterkönigs fand, endete mit der Erklärung, dass Johannes sich den Titel »Priester« gab, da kein noch so großartiger Titel seiner wahren Größe gerecht werden könne.

Als der damalige Papst Alexander III. von diesem Brief erfuhr bangte er um seine Macht, fühlte sich aber gleichzeitig auf die Unterstützung dieses mächtigen Herrschers angewiesen, denn er wollte einen neuen Kreuzzug gegen die »Ungläubigen« anzetteln. Darum entsandte er seinen Arzt Philipp, um dem Priesterkönig

Johannes eine persönliche Botschaft zu überbringen. Doch Philipp kehrte niemals von dieser besonderen Reise zurück.

Es bleibt fraglich, ob Johannes und sein riesiges Reich, wirklich einen realen, irdischen Ort darstellten, oder ob es sich in Wirklichkeit, nur um einen Mythos handelte.

Interessant ist aber dennoch, das bestimmte Delegierte, und das ist geschichtlich nachweisbar, in seinem Auftrag Botschaften überbrachten.

Das Kala-Chakra-Mandala besteht aus drei Teilen:

a) Körpermandala

b) Sprachmandala

c) Gemüts- oder Gedankenmandala

Diese werden vorgestellt von außen nach innen.

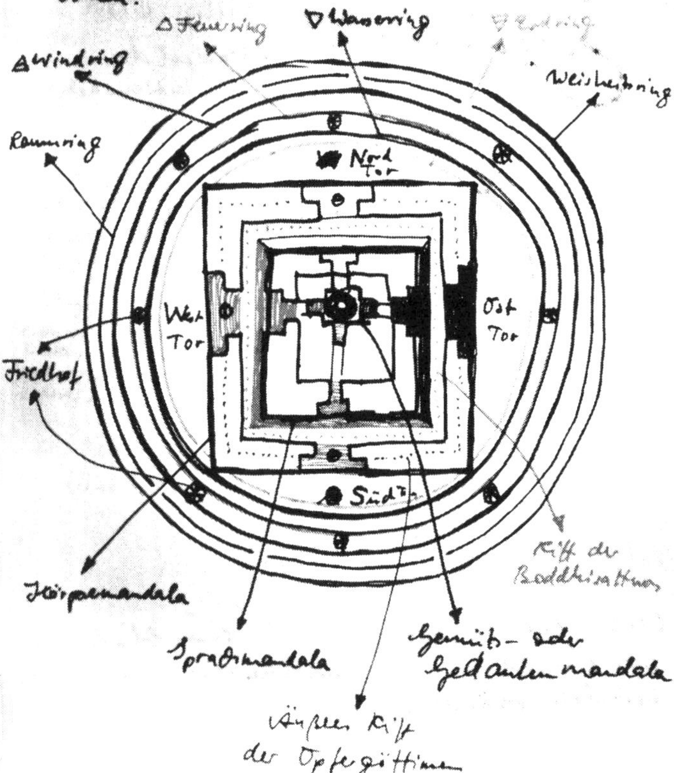

In jedem der 4 Tore befindet sich ein Wächter. Im Zentrum der Kalachakraburg. Im innersten Zentrum befindet sich der grüne Lotus mit den 8 Shaktis (8 Urkräften d. Universums)

Der verborgene Tempel

Beschäftigt man sich mit den apokryphen Akten des Apostel Thomas, so findet man darin eine Geschichte, die sich im antiken indischen Königreich von Gandhara abspielte. Apostel Thomas sollte in der Stadt Taxila (im heutigen Pakistan) im Auftrag des Königs Gondophares einen Palast bauen. Doch gab er das Geld für die Armen aus. Als man ihn zur Rede stellte, meinte er, dass er durch sein Handeln stattdessen einen Palast im Himmel errichtet habe. König Gondophares wollte Thomas dafür bestrafen, doch Gad, der Bruder des Königs, hatte im Traum eine Vision eines himmlischen Palastes. Darauf ließ man Thomas gehen - er wurde später zum Apostel der Inder.

War es vielleicht der von St. Thomas errichtete Palast, von dem wir durch Priesterkönig Johannes erfahren? Lebte Priester Johannes in einer jenseitigen Welt, von wo aus sich seine Anweisungen durch bestimmte Boten in der physischen Welt materialisierten?

Aus Sicht der alltäglichen Welt lässt sich dieses Mysterium nicht erklären, ebensowenig wie man das Gralskönigstum und die Gralsburgen durch hitsorische Belege erklären könnte. Der verborgene

Tempel des Johannes bleibt also eine Legende.

Doch gab es in der Geschichte der Mystik immer solche verborgenen, heiligen Orte. Meist waren es besondere Berge, die eine Begegnungsstätte darstellten, an denen Gott seine Geheimnisse während der verschiedenen Kulturepochen der Menschheit offenbarte.

All diese mystischen Berge, auf denen sich jene heiligen Burgen, Tempel und Paläste befanden, wurden in verschiedenen Überlieferungen als »Nabel der Welt« bezeichnet. Einer dieser Orte war zum Beispiel die drehende Burg der Hyperboräer, von wo aus der Lichtgott Apollon auf seinem von Schwänen gezogenen Wagen über den Himmel fuhr. In der griechischen Mythologie hört man vom heiligen Berg Olymp - dem Ort an dem sich die Götter aufhielten. Bei den Israeliten war es der Berg Moriah den Gott für den Menschen erwählte, dort wo Abraham seinen Sohn Isaak opfern sollte und später König Salomo hier den Tempel Gottes errichten sollte: die Burg Zion. Auf dem Berg Horeb im Sinai empfing Moses die 10 Gebote. In der hinduistischen und buddhistischen Kosmogonie war es der Berg Meru, der das Zentrum des Universums und die Wohnstatt der Götter bildete.

In der Gralssage war es der Montsalvatsch, auf

dem sich der Heilige Gral offenbarte. Auf diesem Berg soll einst König Titurel seine Geistesschüler zu Gralsrittern erzogen haben. Manche geschichtliche Indizien weisen darauf hin, dass es sich beim Montsalvatsch um den Montségur in den Pyrenäen handelt, auf dem sich heute die Ruinen einer alten Katharerburg befinden. Von dort soll der Gral später ins Kloster San Juan de la Peña gebracht worden sein, wo angeblich Parzival dem Amfortas die erlösende Frage stellte.

Auch wenn es viele Vermutungen zur physischen Existenz der Gralsburg gibt, lassen sich solche Theorien kaum zu Beweisen erhärten - es bleibt eine Legende

Manche Schriften beschreiben den Gralstempel als einen stufenförmigen Palast, der sich in einem Reich der seeligen, weltentrückten Geister befindet. Es ist ein paradiesischer Ort der Freuden, denen der Lichtheld Parzival entgegenstrebte. Aber es ist auch der Palast des ewigen Schlafes, nachdem sich der Gralskönig Amfortas sehnte. Es handelt sich bei der Gralsburg im Grunde genommen um einen Ort, der aus der realen Welt enthoben wurde und deshalb auch nicht mit dem physischen Auge gefunden werden kann, sondern nur für den Berufenen zugänglich ist - es ist das Shambhala der Gralsritter, ein Ort der zwar real existiert, doch nicht auf der Ebene der alltäglichen Welt.

Alle diejenigen, die nach der Gralsburg suchten, befanden sich auf einer Reise zu einer verborgenen Kapelle – einem geheimnisvollen Tempel in der geistigen Welt. Sie kamen zu der Erkenntnis, dass die Suche nach einem solchen Ort fruchtlos ausgehen sollte, denn sie stellten fest, dass man in der materiellen Welt diesen Ort, diese Kirche, die Gralsburg weder suchen durfte, noch glauben sollte, es handele sich um eine physische Erscheinung. Die Schwelle zu dieser Kirche war die Grenze des Kosmos und konnte nur durch diejenigen überschritten werden, die dazu im Stande waren ihre stoffliche Leibeshülle abzulegen, um dann ein Lichtkleid der Herrlichkeit empfangen zu können. Diese Tatsache bildet eigentlich die Voraussetzung für heilige die Schau des Grals.

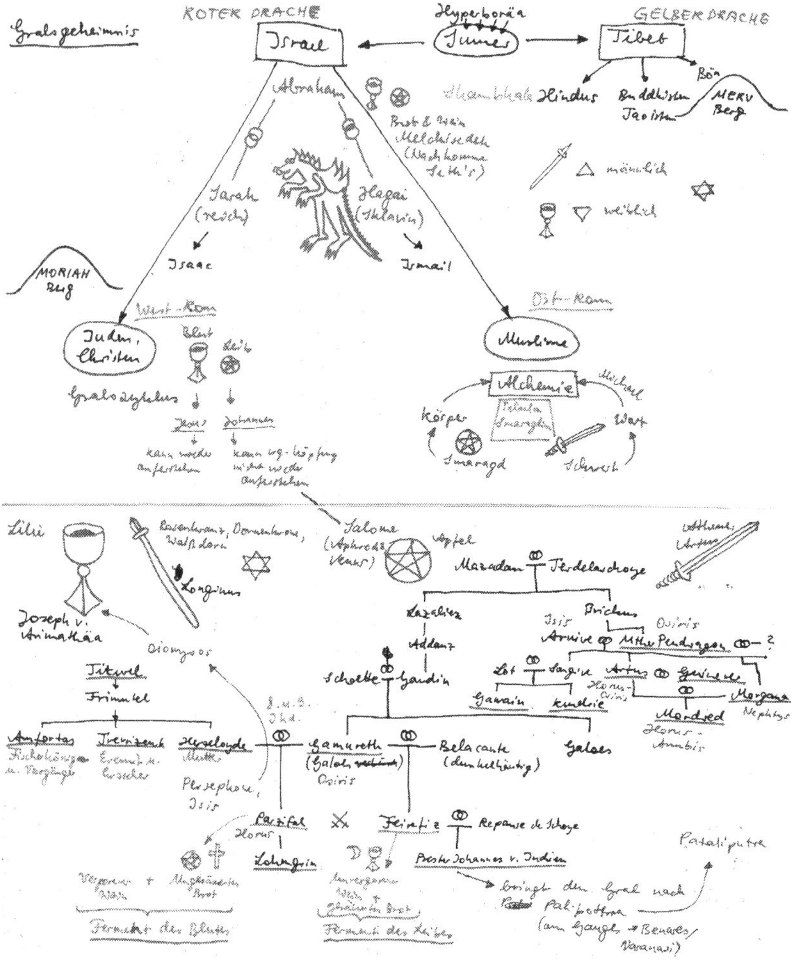

Gralsgeheimnis
ROTER DRACHE
Israel
Hyperboräa
Sumer
GELBER DRACHE
Tibet
Hindus
Buddhisten
Taoisten
Bön
MERU Berg
Abraham
Brot & Wein
Melchisedek
(Nachkomme Seth's)
männlich
weiblich
Sarah
(reich)
Hagar
(Sklavin)
Isaac
Ismail
MORIAH Berg
West-Rom
Ost-Rom
Juden, Christen
Muslime
Blut
Leib
Gralszyklus
Jesus
Johannes
kann wieder auferstehen
kann wg. Köpfung nicht wieder auferstehen
Alchemie
Michael
Körper
Geist
Smaragd
Schwert
Lilie
Rosenkranz, Dornenkrone, Weißdorn
Longinus
Joseph v. Arimathäa
Dionysos
Salome
(Aphrodite Venus)
Apfel
Mazadan
Terdelaschoye
Lazaliez
Brickus
Isis
Osiris
Addanz
Arnive
Utherpendragon
Schoette
Gandin
Lot
Sangive
Artus
Gawain
Ginover
Morgana
Nephtys
Mordred
Titurel
Frimutel
Anfortas
Fischerkönig u. Vorgänger
Trevrizent
Eremit u. Lehrer
Herzeloyde
Mutter
Persephone, Isis
Gamuret
Osiris
Belacane
(dunkelhäutig)
Galoes
Parzival
Horus
Lohengrin
Feirefiz
Repanse de Schoye
Priester Johannes v. Indien
bringt den Gral nach Pataliputra
(am Ganges + Benares/ Varanasi)
Pataliputra
Ferment des Blutes
Ferment des Leibes

Wo befindet sich der Gral?

Durch das Streben nach Erleuchtung, sollte das Haus Gottes gefunden werden können, denn die Suche nach der Gralsburg war immer die selbe: Es war eine Suche nach dem Licht der Vereinigung. Ein Weg der Ritterschaft, die sich auf die Realität ausrichtet, um das Diesseits und Jenseits miteinander zu verbinden und damit aufzuheben. Unabhängig von dieser Suche, waren die Gralsritter immer Mitglieder einer Glaubensgemeinschaft, einer Tempelgemeinde oder einer Kirche gewesen, und wenn sie sich auf die Gralssuche begaben, verbrachten sie zuvor Zeit im Gebet am Altar ihres Tempels. Das galt als Vorbereitungsritual für die große Queste.

Dabei konnten sie von niemandem Unterstützung erwarten. Niemand anderes als sie selbst, konnte sich für sie auf die Reise begeben. Niemand konnte sie dabei begleiten oder davon abhalten Fehler zu begehen. Es war eine einsame Reise, eine Reise zur Wahrheit, heraus aus der Finsternis – hinein ins Licht.

Der Weg den diese Ritter auf ihrer Suche nach der Wahrheit beschritten, war der Weg eines einsamen Menschen, hin zu etwas, das für alle

Ewigkeit alleine ist. Und genau dieses Alleinsein, scheint eines der Hauptmotive des heiligen Grals zu sein. Denn im Alleinsein liegt seine Macht: er will gefunden werden.

Der Gedanke, dass man durch das Finden des Grals zur Erleuchtung kommt, setzt also voraus, dass wir uns auf eine individuelle Suche begeben, denn es gibt nichts auf dieser Suche, dem man sich anschließen könnte. Weder können wir uns einer Vereinigung der Gralssuchenden anschließen, noch können wir Mitglied irgendeiner Gralsgesellschaft werden. Auch können wir uns nicht erhoffen, dass uns eine bestimmte Gruppe bei dieser Suche behilflich sein wird oder uns bei der Lösung des Gralsgeheimnisses, jemand anderes behilflich sein wird, als wir selbst.

Es ist dem Suchenden lediglich bewusst, dass ähnlich wie er selbst, auch andere auf der Suche nach dem Gral sind. Diese Suchenden kennen sich vielleicht oder begegnen sich auf ihrem Weg, und bilden damit eine Gruppe - doch ist das in keinster Weise eine Gruppe die eines Oberhaupts bedarf. Jeder Abschnitt der Gralssuche muss individuell bleiben. Es ist die eigene Seele, die nach der universellen Seele des Lebens sucht. Dem muss sich der Suchende voll und ganz widmen – denn Erleuchtung kommt niemals von Außen.

Durch ihre besonderen Handlungen, hinterließen die Gralsritter Spuren in den Glaubensvorstellungen der damaligen Christenheit. Viele ihrer Zeitgenossen wurden durch ihre edlen Taten der Gralsritter inspiriert, so dass auch sie sich auf ihre individuelle Suche begaben. Die Gralssuche war Teil einer Religion, für die es in der materiellen Welt keine Ordnung, keine Strukturen gab. Es war eine subjektive Religion. Der Suchende musste sich dem widmen, wonach er auf der Suche war. Er musste nach und nach seine Begierden überwinden und jenen Berg erklimmen, heraus aus der materiellen Welt, empor zum Ursprung seiner Seele.

Der Suchende steigt also mehrere Stufen einer Leiter hinauf, um am Ende den Eingang in den verborgenen, heiligen Gralstempel zu finden. Dort zeigt sich ihm die heilige Trinität, was für den Christen die Dreiheit von Vater, Sohn und heiligem Geist, für den Hindu die Trimurti von Brahma, Vishnu und Shiva, für den Sufi das Ruh, Qalb und Nafs oder für den Alchemisten Sulphur, Mercurius und Sal sind.

Dieser Eingang in die Gralsburg, ist der Eingang zu einem Ort der Vollkommenheit, der Perfektion und Einheit in Gott.

Alle Religionen sind Wege zu Gott. Und wenn alle religiösen Wege in der Welt des göttlichen enden, verlieren dann nicht die Ungleichheiten aller Glaubenserkenntnisse ihre Bedeutung?

Diese Vorstellung inspirierte schon die alten Perser. Sie schufen ein Konzept für eine große Religion des Weltraums. Sie wollten eine spirituelle Wissenschaft begründen aus der eine große Kirche hervorgeht, in der Gott, von vielleicht 1.000 verschiedenen Religionen und Sekten angebetet wird.

Sie wussten, dass alle Gläubigen auf dem Pilgerpfad zum selben Haus sind. Es handelte sich immer um den selben verborgenen Tempel, zu dem sich alle Gralshelden aufmachten. Dieser Tempel wurde für sie das unsichtbare Heiligtum der Wahrheit – es war das wahre Herz Gottes.

Darin pulsierte die ewige Liebe Gottes, die in alle Welten, in alle Sphären der Existenz ausströmt.

Es ist dieses göttliche Herz, das eine besondere Behausung im Herzen eines jeden Suchenden hat. Denn das Blut Gottes, das durch seinen Körper strömt, ist das Blut des Grals. Es strömt in das Herz des Suchenden, denn in Wirklichkeit, ist dieses Herz selbst, der Heilige Gral.

Printed in Germany
by Amazon Distribution
GmbH, Leipzig

27178092R00057